Lettre ouverte

à

M. DOUMERGUE, DÉPUTÉ RAPPORTEUR

et à

MESSIEURS LES DÉPUTÉS, MEMBRES DE LA COMMISSION DU BUDGET DE L'ALGÉRIE POUR L'EXERCICE 1896

Par

M. E. BONZOM

Propriétaire Algérien

Chevalier de la Légion d'Honneur et du Mérite Agricole.

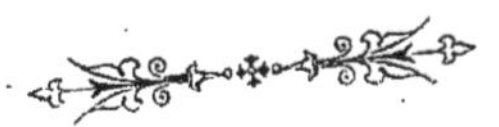

ALGER

IMPRIMERIE ORIENTALE PIERRE FONTANA ET C°,

29, Rue d'Orléans, 29.

1896

Lettre Ouverte

Lettre ouverte

à

M. DOUMERGUE, Député Rapporteur

et à

Messieurs les Députés, Membres de la Commission du Budget de l'Algérie pour l'exercice 1896

Par

M. E. BONZOM

Propriétaire Algérien

Chevalier de la Légion d'Honneur et du Mérite Agricole.

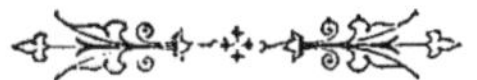

ALGER

IMPRIMERIE ORIENTALE PIERRE FONTANA ET Cᵉ,

29, Rue d'Orléans, 29.

1896

LETTRE OUVERTE

A

M. DOUMERGUE, député rapporteur

ET A

MM. les Députés, membres de la Commission du Budget de l'Algérie pour l'exercice 1896 [1].

Messieurs les Députés,

Maintenant qne le grand tapage mené sur la question des phosphates est appaisé, vous ne trouverez pas mauvais que l'on revienne un peu en arrière et que l'on discute votre rapport sur le budget de l'Algérie pour l'année 1896.

Sans doute, en acceptant de faire partie de cette commission, chacun de vous s'est départi de tout jugement préconçu, de tout esprit d'hostilité.

S'il importait que vous vous préoccupiez de la nécessité de ménager les finances du pays, vous ne deviez pas vous montrer moins soucieux d'éviter de porter atteinte

---

(1) Cette commission était composée de MM. Lockroy, président ; Georges Cochery, Deluns-Montaud, Gerville-Réache, vice-presidents; Abel Chauday, Gaston Doumergue (Gard), Raiberti, secrétaires ; Paul Doumer (Yonne), Millerand, Camille, Pelletan, Antonin Dubost, Labat, Riotteau, Chevallier, Merloud, De la Porte (Deux-Sèvres), Camille Krantz, Godefroy Cavaignac, Sarrien, Salis, Henry Boucher, Maurice Faure, Barthou, Delpeuch, Victor Leydet, Général Yung, Paul Delombre, Antoine Perrier (Savoie), Maurice Lebon Seine-Inférieure), Boudenoot, Adolphe Turel, Marty.

aux ressources de l'Algérie, encore dans la période d'évolution. Par une sage répartition d'impôts, il vous appartenait, d'accord avec les promesses de M. le Gouverneur général et des Pouvoirs publics, de viser aux moyens de faire aimer la France des indigènes et il y avait non moins nécessité de ne pas surcharger d'impôts, le nombre par trop restreint hélas, des compatriotes qui se sont fixés sur cette terre trans-méditerranéenne et y représenter la France laborieuse, la France colonisatrice.

Voyons comment vous avez satisfait à ces visées :

Contrairement aux dires du rapporteur du budget de 1892, déclarant que les crédits affectés à l'Algérie pour ses services civils n'avaient reçu aucun développement dans le cours des huit exercices précédents, vous relatez l'augmentation sans cesse croissante des crédits et la lenteur de la progression des recettes. Pourtant, c'est bien à la fixation du budget de 1892 que l'Algérie est redevable de l'établissement de deux impôts nouveaux — celui frappant l'alcool et celui de la contribution foncière.

Sans chercher à prévoir l'époque où dépenses et recettes pourront s'équilibrer, but auquel il faut tendre, sans toutefois, dites-vous, compromettre par une hâte irraisonnée l'avenir de la colonie, vous aggravez ses charges par de nouveaux impôts et vous réduisez ses crédits. Il est vrai que, selon vous, les crédits supprimés ou réduits ne s'appliquent qu'à des dépenses abusives ou improductives.

Examinons les faits.

Vous n'ignorez pas que l'Algérie, comme tout pays nouveau, n'a pas d'industrie, que ses seules forces vives, ses seules ressources résident dans l'agriculture, partant-que ce sont elles qu'il faut accroître, multiplier, perfec, tionner.

C'est du sol que l'Algérie tire toute sa richesse, a dit Burdeau dans son rapport de 1892; sur les 200 millions de marchandises qu'elle exportait en 1887, les produits agricoles proprement dits comptaient pour près des trois quarts (143,900.000), il faudrait même dire les quatre cinquièmes, si l'on range l'alfa, comme il semble assez naturel, parmi les produits agricoles (12,200,000 fr.) d'exportation. C'est donc à son agriculture qu'il faut regarder tout d'abord si l'on veut se rendre compte de ses progrès économiques.

Après quelques constatations des plus élogieuses sur les progrès accomplis, grâce surtout à l'appoint européen, le regretté rapporteur concluait de la façon suivante :

La production agricole représente, par tête d'habitant :

En France............ ..... 300 francs
En Algérie............ ..... 208 francs

Ainsi dans un pays où les sept huitièmes de la population sont des indigènes, hier encore dans une condition barbare, l'habitant moyen était arrivé, en 1892, à représenter pour la productivité agricole, les deux tiers d'un Français.

Evidemment, l'agriculteur européen qui possède à lui seul 85 % du matériel agricole et 95 % de la plus précieuse des cultures, la vigne, qui tire de la terre 8 quintaux de céréales là où l'indigène en tire 5, doit être dans ce résultat pour beaucoup plus que sa part numérique. On peut s'avancer jusqu'à dire qu'il produit sensiblement plus qu'un cultivateur français. Il le doit sans doute non à son énergie seule, mais aussi à la fertilité de la terre et à l'étendue considérable de ses propriétés (5 hectares 86 par unité de population agricole contre 2 hectares 15 en France). *Il n'en est pas moins vrai que ce*

*simple fait est de nature à nous donner une idée assez
haute de l'importance agricole acquise par l'Algérie entre
nos mains.*

Voilà comment s'exprimait le rapporteur du budget
de 1892.

Vous témoignez, vous Messieurs, de votre attachement
au développement des cultures européennes, seul moyen
réel d'assimilation de l'Algérie à la France. En réduisant
de 220,000 francs les crédits affectés à la colonisation !

Poursuivons :

Pour se développer, pour devenir possible, pour rému-
nérer les peines des travailleurs, l'agriculture européenne
a besoin de routes, de voies de communication.

Le rapporteur de 1892, en faisait ressortir l'impérieuse
nécessité par la mention du trafic déjà existant sur les
routes qui, tout inachevées qu'elles sont (2,596 kilomètres en 1888) représentent avec leurs affluents les
chemins vicinaux (9,798 kilomètres en 1889), le seul
réseau circulatoire à peu près complet de l'Algérie ;
le mouvement des marchandises atteignait aux derniers
comptages — 1888, le chiffre de *146* millions de tonnes
kilométriques. C'est l'équivalant de sept à huit départements français moyens ou de dix-huit départements dont
les routes sont les moins animées. Il est probable que si
le réseau algérien était moins incomplet, la proportion
serait encore plus à l'avantage de la colonie ; dès à pré-
sent sur chaque kilomètre de route en Algérie, il passe
chaque année 57,096 tonnes de tonnage utile; la moyenne
de nos routes de France dont le réseau est depuis longtemps complet et bien entretenu, ne dépasse pas 45,870
tonnes.

Qu'avez-vous fait, Messieurs de la Commission de
1896 ? Vous êtes-vous inspirés de la nécessité d'augmenter, de compléter, de rendre viables ces précieuses

artères destinées à faire affluer vers les centres de con-
sommation les sucs, les produits de cette jeune France ?

Non, certes. Vous rognez 469,000 sur les crédits affectés aux travaux neufs, 20,000 sur les travaux ordinaires,
210,000 sur les travaux d'entretien, 52,800 sur le personnel. Est-ce ainsi que vous entendez accroître le
développement du tonnage utile et hâter la venue de
l'heure où recettes et dépenses pourront s'équilibrer ?

Poursuivons :

Les crédits de première urgence (10,000 francs),
seuls prévus en vue de repousser une invasion de sau-
terelles, ne trouvent pas grâce devant vous.

On voit, messieurs, qu'il ne vous a pas été donné
d'être témoins d'un si épouvantable fléau.

Les crédits affectés au budget proprement dit de
l'agriculture algérienne étaient assez misérables pour
une nation qui se flatte d'inscrire le progrès agricole au
premier rang de ses préoccupations ; ils comprenaient
une première allocation de *40,440 francs* au personnel
de l'enseignement agricole et des établissements d'élevage. Vous réduisez ce crédit à 13,000 francs !

Au chapitre III, *74,000* fr. étaient demandés en vue
de l'existence d'une bergerie modèle.

D'un trait de plume, vous supprimez la totalité du
crédit et vous justifiez cette exécution par les considérations suivantes :

« L'existence de la bergerie de Moudjebeur et son fonc-
tionnement sont, depuis longtemps, l'objet de très vives
critiques, dont l'honorable M. Jean Dupuy se faisait
l'écho dans son rapport, au Sénat, sur le budget de
l'exercice 1895.

Créée en 1854, la bergerie fut d'abord installée à
Taadmit, vallée à environ 50 kilomètres nord de
Laghouat. Le premier troupeau était composé de 15
béliers mérinos de Rambouillet et de 600 brebis. A la

fin de l'année, 11 béliers sur 15 étaient morts et 400 agneaux métis, nés en 1856, succombaient pendant l'hivernage de 1856-57.

L'année suivante, la bergerie était transférée de Taadmit à Birin, dans le cercle de Boghar, et le mérinos de la Crau était substitué en partie au mérinos Rambouillet.

Le mérinos de la Crau paraît avoir mieux résisté. En 1860, la bergerie émigrait à Ben-Chicao ; un peu plus tard à Berrouaghia d'où elle était enfin transportée en 1885 à Moudjebeur. Ce dernier emplacement est l'objet de vives critiques et il est certain que si les crédits que votre Commission vous demande de supprimer étaient maintenus le déplacement de la bergerie s'imposerait quand même.

C'est à partir de 1888 que la bergerie de Moudjebeur a commencé à délivrer des béliers aux éleveurs, et les conditions où s'effectue cette remise n'ont pas peu engagé votre Commission à la suppression de cet établissement d'élevage.

Les béliers sont remis gratuitement aux éleveurs ou aux communes qui en font la demande. Ceux-ci les gardent jusqu'au jour où ils deviennent impropres à la reproduction. Ce jour-là, ils doivent les rendre à la bergerie qui les leur remplace toujours sans bourse délier.

Pendant l'année 1894, vingt-neuf béliers ont été ainsi distribués. Les dépenses de la bergerie s'étant élevées pendant cette année-là à plus de 100,000 francs, c'est environ 3,500 francs qu'a coûté à l'Etat chaque bélier distribué. Il est vrai que pendant l'année 1895, la distribution de béliers devait être plus nombreuse, mais le prix de revient de chaque bélier n'a pas pu s'abaisser à moins de 700 ou 800 francs par an.

Malgré les sacrifices considérables qui sont imposés au budget du chef de la bergerie de Moudjebeur, il ne paraît pas que les résultats obtenus aient répondu à ces sacrifices. L'administration reconnaît elle-même que d'une manière générale les indigènes se sont montrés réfractaires à la transformation de leurs troupeaux. Ils reprochent aux animaux de race mérine d'être peu résistants aux fatigues et ils n'apprécient pas les laines fines qu'ils produisent.

De l'aveu du gouvernement lui-même, le rôle de la bergerie dans le Sud, où se trouvent cependant les grands troupeaux, est en quelque sorte nul. Ce ne serait que dans le Tell et surtout dans le Haut-Tell où la colonisation commence à s'implanter que la bergerie rendrait quelques services aux éleveurs français. Encore faudrait-il donner à l'établissement une orientation différente. Le résultat même dans ce cas serait douteux. »

A la suite d'un tableau aussi désavantageux, la Commission et les Chambres ne pouvaient que prononcer la suppression de cet établissement. Mais ce tableau est-il l'expression fidèle de la vérité ? Voilà ce qu'il est permis de demander.

N'en déplaise à M. le Rapporteur, les appréciations qui vont suivre le contredisent en entier.

Et d'abord, qu'était l'espèce ovine algérienne quand on a tenté son amélioration ?

Voici l'appréciation de Bernis, l'initiateur de la Bergerie modèle :

« Les bêtes ovines de l'Algérie comprennent trois races bien distinctes, mais toutes aussi communes les unes que les autres. Leur viande est assez savoureuse, surtout chez les sujets nourris des plantes aromatiques du Sud, mais la toison est, en général, formée de laines grossières, sèches, communes, maigres, peu tassées, salies de poils jarreux ne prenant pas la teinture et donnant un toucher dur à l'étoffe. »

C'est pour obvier à ces défauts que Bernis proposa de

recourir au croisement du mérinos et institua la bergerie modèle. Mais — nous sommes tels, en France, que toute innovation rencontre des contradicteurs — dès les débuts, le conflit d'opinion se manifesta et voici ce qu'écrivait, en 1855, cet homme de bon sens et de saine raison : « Depuis quelque temps, la question ovine est à l'ordre du jour. Tous reconnaissent la nécessité d'améliorer les laines ; mais, on n'est pas d'accord sur les mesures à prendre. On fait des rapports, on nomme des commissions, on se réunit, on cause, on discute et voilà tout. Les uns voudraient avoir recours aux croisements ; les autres seraient d'avis de les exclure et d'améliorer la race par elle-même. Il y en a qui se contenteraient, pour toute amélioration, de faire la première tonte vers l'âge de 5 à 6 mois. Ces systèmes sont bien loin d'avoir la même valeur. Employé séparément, chacun nous ferait parvenir plus ou moins vite à un degré différent dans la qualité des laines. La première tonte, faite de bonne heure, amènerait bien lentement une légère amélioration. Par l'hygiène et les appareillements, nous obtiendrions, en moins de temps, des résultats plus avantageux. Les croisements bien compris nous feraient marcher plus rapidement vers une amélioration plus sensible ; *mais, ce qui nous conduirait encore d'une manière plus sûre et plus prompte vers le but que l'on veut atteindre, ce serait l'emploi simultané de ces moyens améliorateurs.* »

Les tribus les plus favorisées ne fournissent qu'une bête à laine de qualité supérieure sur 250. Cette proportion va en dimnuant depuis 1 sur 250 jusqu'à 1 sur 1,000 et nous ne comptons pas bien entendu les localités qui ne fournissent pas un brin de laine fine.

Baudement, nommé rapporteur d'une commission chargée en 1853, de se prononcer sur la valeur d'un lainier conteuant *1408* échantillons recueillis sur presque tous les points du territoire algérien, s'exprimait ainsi : « Les laines d'Algérie appartiennent à la classe des laines communes et on peut les caractériser en disant qu'elles sont longues, dures, sèches, mécheuses et jarreuses, trop souvent maigres et peu tasées, etc... Par tous ces caractères, ces laines conviennent naturellement au peigne quand elles ne deviennent pas nerveuses et crineuses au point de rentrer tout spécialement dans la catégorie des laines à matelas. »

Le troupeau de Laghouat est créé. M. le Rapporteur du budget de 1896 a avancé que sur 15 béliers importés pour sa constitution, 11 étaient morts la première année, que 400 agneaux métis avaient succombé pendant l'hivernage qui avait suivi (1856-57).

Voici un document bien en opposition avec le désastreux essai signalé par l'honorable député rapporteur :

Rapport sur l'emploi des laines du troupeau de Laghouat.

« A M. le maréchal Randon, gouverneur général de l'Algérie.

Elbœuf, 12 juillet 1857.

« Monsieur le Maréchal,

« En exécution des termes de votre lettre du 11 septembre dernier, j'ai l'honneur de vous adresser le double des renseignements que je fais parvenir à M. Bernis sur le troupeau de Laghouat.

« J'expédie ce jour au Ministre de la Guerre, une caisse contenant tous les échantillons énoncés dans l'exposé des renseignements.

« J'ai cru devoir entrer dans des développements assez étendus à l'occasion de cette bergerie, sur la question si intéressante de la production des laines en Algérie, par deux motifs : le premier, c'est la recommandation expresse que Votre Excellence m'a faite de lui soumettre mes renseignements et des échantillons, d'où, j'ai conclu que vous attachiez une haute importance à cette question. Le second, c'est la conviction profonde que j'ai de la possibilité d'une production beaucoup plus abondante et plus riche en finesse, au moyen de laquelle on pourrait accroître la prospérité de la colonie et alimenter nos fabriques tributaires de l'étranger pour au moins la moitié des matières nécessaires à leurs besoins.

« Je vous prie d'agréer, etc. »

Signé : A. POUSSIN.
Manufacturier à Elbœuf.

(Copie de la lettre à Bernis contenant les notes sur la fabrication et les réflexions concernant le genre de laine dont la production semblait à M. Poussin devoir être la plus avantageuse pour la colonie.)

De ce document trop développé pour pouvoir être reproduit en entier, nous extrayons les points essentiels ci-après, qui prouveront bien que, contrairement aux dires de M. Doumergue, le troupeau de Laghouat ne s'était pas effondré en entier durant l'hivernage 1856-57 :

« Avec la laine la plus fine, composée principalement des toisons des béliers de Rambouillet, j'ai fabriqué une pièce de satin de laine noire, conforme à l'échantillon n° 1.

« Avec la seconde partie, composée exclusivement de la dépouille des bêtes d'Afrique les plus améliorées, j'ai fait une pièce de drap bleu croisé pour matelots, semblable à l'échantillon n° 2, et une pièce nouveauté, semblable à l'échantillon n° 3.

« La troisième partie, formée des toisons des bêtes d'Afrique plus communes, a produit : une pièce de drap bleu, conforme à l'échantillon portant le nᵒ 4, et une pièce de nouveauté, semblable à l'échantillon nᵒ 5.

« Enfin, la quatrième partie a donné trois qualités de peigné.

« Je n'ai point mis sur les échantillons l'indication du prix de revient, parce que le fractionnement de *635* toisons en autant de parties différentes a donné lieu à un déchet anormal sur chaque partie et, par suite, à une surélévation du prix, etc.

« La laine était d'un conditionnement parfait, et celle provenant des bêtes les plus améliorées fait assez blanc au dégraissage pour qu'on puisse lui donner les nuances les plus vives. Afin de m'en assurer, j'avais fait teindre plusieurs parties de laines dont je vous envoie les échantillons sous les nᵒˢ 9, 10, 11, 12, 13, 14, 15, 16, 17, 18, 19, 20, 21 et 22.

« Ces nuances ont parfaitement résisté à l'opération du feutrage. Vous pourrez le remarquer en comparant aux échantillons de laine les feutres qui leur correspondent.

« Je serais heureux s'il m'était donné de pouvoir concourir en quelque manière à l'amélioration des laines de l'Algérie.

« Ce n'est point, à mon sens, par des essais de fabrication ou par l'emploi plus ou moins varié de cette matière, que l'on peut faire avancer la question ; ce sont des moyens trop secondaires. Le vrai moyen, ce me semble, serait l'étude et l'imitation raisonnée des procédés suivis dans les pays où la production de cette matière est dans la plus grande prospérité.

« Il faut déterminer ce que l'on veut faire et le but qu'on se propose d'atteindre : à savoir si l'on veut simplement améliorer les laines par elles-mêmes, et rester avec l'expectative de produits d'un emploi limité qui n'appelleront qu'un petit nombre d'amateurs ; ou si l'on veut arriver à une amélioration tellement sensible qu'elle puisse attirer les regards de tous les consommateurs, alimenter les fabriques de France, tributaires aujourd'hui de l'étranger et développer de grandes transactions.

« Vous êtes, Monsieur, très bon juge pour apprécier ce qu'il y a à faire.

« Quant à moi, placé dans un centre manufacturier, habitué à voir tous les jours des qualités et des provenances si diverses, employant pour *1,400,000* francs de laine par année, je n'hésite pas à vous dire que je regarderais comme un bonheur immense que l'on entreprît sur une grande échelle, une prompte et radicale amélioration, persuadé que les avantages qui en résulteraient offriraient une large compensation des dépenses qui serviraient à l'effectuer et que par suite l'Algérie serait placée au premier rang des colonies les plus prospères. »

Les dires du manufacturier Poussin vengent la Bergerie Modèle des critiques dont elle a été l'objet et je pourrais m'en tenir là pour justifier sa raison d'être. Mais la question est si capitale, si essentielle pour l'Algérie et pour la France, pour l'alimentation publique et pour l'industrie nationale que je poursuis mon étude jusqu'à lumière complète. Je me dirais satisfait si je pouvais déterminer un revirement dans l'opinion et bien démontrer que ce n'est pas une Bergerie Modèle qu'il faudrait, mais plusieurs par département algérien.

Jules Duval, fondateur de l'*Union Agricole d'Afrique*, rendant compte dans *Les Débats*, de la présentation des laines algériennes à l'Exposition universelle de 1855, s'exprimait ainsi :

« Les laines n'y brillent guère ; à peine découvre-t-on huit à dix lots la plupart d'aspect peu séduisant.

« D'où vient cette rareté de concurrents en un pays de

culture pastorale où les troupeaux constituent la principale richesse des tribus ? Le mot même de tribu vous le dit. Bonne institution de guerre peut-être, mais à coup sûr déplorable pour la paix et le travail, car elle n'est autre que la communauté patriarcale et nomade qui repousse la propriété individuelle du sol. Les indigènes n'ont pas envoyé de laines parce qu'elles eussent accusé leur négligence de barbares. Et malgré leur impuissance manifeste à améliorer le bétail, il est presque passé en axiome qu'eux seuls en Algérie peuvent l'élever avec succès, qu'à eux seuls il convient d'en confier la régénération. Dangereuse illusion qui doit être abordée de près !

« S'il est vrai que dans l'Afrique septentrionale, la nature a tout disposé : le sol, la végétation et le climat pour la prospérité des espèces animales, il est encore plus vrai que les Arabes font tout pour leur abâtardissement. Inutile d'entrer dans des preuves, tout le monde le sait. Depuis l'époque où la race mérine occupait la péninsule atlantique, d'où elle passa en Espagne avec les Mores jusqu'à nos jours, l'histoire mesure une constante déchéance.

« Veut-on connaître la différence de la laine mérinos à la laine commune d'Afrique ?

« M. Bonfort a eu soin de la montrer dans son carton d'échantillons. C'est presque la différence de la soie au crin. A qui ne peut voir, les prix le diront. La laine commune se vend à Oran 80 francs les 100 kilos, la laine mérinos 280 francs. Et quant au poids, la toison moyenne de 3,500 bêtes de Teusalmet et d'Arbal pèse *1 kil.* en suint, la toison mérinos pèse *2 kilogr. et demi* à *3 kilogr.* Les métis du troisième croisement approchent de ces poids et de ces prix. Le nombre supplée-t-il à la qualité ? L'Administration nous l'apprend. Elle porte à sept millions les têtes ovines répandues sur quarante millions d'hectares admirablement propres à l'élève du bétail, cela fait 1 mouton par 6 hectares ! »

Douze ans plus tard, le même écrivain, rendant compte de la participation de l'Algérie à l'Exposition de 1867, mentionne les progrès accomplis. Les laines indigènes se montrent améliorées par des sélections attentives et des croisements intelligents avec la race mérinos importée de France. Ce double progrès commencé chez les colons a été repris sur une plus grande échelle dans les bergeries officielles de Laghouath et de Ben-Chicao, d'où il commence à se répandre dans les tribus environnantes ; divers lainiers montrent chacun des degrés de cette transformation qui vise, du reste, avec sagesse, plutôt la création de sorte de laine d'une bonne qualité moyenne qu'à des types d'une finesse supérieure.

En 1865, la Chambre consultative d'Agriculture d'Alger adressait au Préfet, un rapport qui se résume par des faits assez nets, assez tranchés, assez précis, pour faire la lumière, couper court à toutes les incertitudes, à toutes les tergiversations, à tous les partis-pris et imprimer une impulsion sérieuse à l'œuvre entreprise·

Depuis dix ans, l'espèce ovine est l'objet d'une attention sérieuse de la part du gouvernement de l'Algérie qui, pour améliorer les laines, a fait de nombreux essais sur les troupeaux du Sud. La sélection, par les béliers et les brebis les mieux conformés et les plus fins de toison n'ayant donné que des résultats à peu près négatifs, la petite race mérine d'Arles ou de la Crau a été introduite. Cette race rustique, accoutumée à la transhumance, porte une toison fermée, tassée, fortement chargée de suint, dont le brin fin, ondulé, élastique, présente tous les caractères des belles laines mérinos. Parfaitement acclimatée, elle a donné déjà des résultats favorables au point de vue capital de l'amélioration des laines lesquelles chez les métis ont double de valeur. Il est donc à désirer que l'œuvre commencée soit continuée et que le troupeau de la smala de Ben-Chicao, placé sous la direction habile de M. le vétérinaire Durand, soit de nouveau l'objet de la sollicitude de l'Autorité.

En affranchissant de l'impôt les béliers améliorés, les reproducteurs sortis du troupeau de l'Etat, on arriverait, peut-être, à engager les arabes à s'en procurer davantage.

En 1873, la Commission algérienne de l'Exposition Universelle de Vienne, après de nombreuses considérations sur la mauvaise qualité des laines qui pèchent par le manque de régularité de la mèche, non seulement d'une toison à une autre, mais aussi dans la même toison, émit le vœu que les mesures indiquées et les améliorations commencées sous la judicieuse impulsion de Bernis fussent reprises et continuées. Le développement d'une des principales branches de la fortune agricole de l'Algérie étant à ce prix.

Deux ans plus tard, dans son Exposé de la situation de l'Algérie au Conseil Supérieur, le général Chanzy s'exprimait ainsi : « La richesse ovine de la colonie se compose d'environ 9.699.000 animaux. Les laines, d'abord consommées par les Arabes, ont bientôt attiré l'attention des industriels européens, mais n'ont pas répondu à leur attente. Le Gouvernement général se préoccupant des moyens d'améliorer les races indigènes par la sélection, puis par le croisement, a fait divers essais et créé la bergerie modèle de Ben-Chicao. Les résultats commencent à se manifester et bien qu'ils soient encore peu considérables, ils montrent la voie à suivre pour arriver, dans quelques années, à une production abondante de bêtes métisses dont les échantillons de laines sont très appréciés. Cette intéressante question est en ce moment l'objet d'une étude toute particulière de la part de l'Administration. »

A l'appui de ces appréciations déjà anciennes, il en est une toute récente qui, nous l'espérons, ne sera pas sans influence sur la décision que prendra le Ministre de l'Agriculture pour sauvegarder une production dont l'essor et la prospérité sont intimement liés aux besoins de l'alimentation et de l'industrie nationales.

Par décision ministérielle du 21 mars 1892, M. Viger, député, reçut mission d'aller étudier les diverses questions relatives à l'élevage de la race ovine algérienne en ce qui concerne son amélioration, le développement de sa production ainsi que les moyens d'en favoriser l'importation en France.

Durant cette mission, M. Viger visita les trois provinces, recueillit les avis des hommes autorisés, et après avoir vu et entendu, soumit à M. le Ministre les appréciations les plus rationnelles qui aient été portées sur l'élevage de l'espèce ovine algérienne. Il est regrettable que le rapporteur du budget de 1896 ne se soit pas inspiré de ce travail si puissamment documenté et dont les conclusions embrassent les points essentiels de la question :

1° Contingent à fournir par l'Algérie à la Métropole ;

2° Comparaison des prix des moutons algériens avec les moutons français et étrangers ;

3° Augmentation de l'effectif ovin ;

4° Réduction des pertes ;

5° Amélioration de la race ;

6° Sélection, croisement ;

7° Choix des races destinées aux croisements ;

8° Bergeries communales, bergeries d'élevage.

Si, je le répète, l'honorable M. Doumergue avait pris

connaissance de « l'étude de la question ovine en Algérie » il aurait vu que le Ministre actuel de l'Agriculture, loin de condamner Moudjebeur, estimait nécessaire d'en faire un établissement d'élevage capable, pendant chaque exercice, de fournir 400 à 500 béliers aux éleveurs algériens et aux bergeries créées par les communes.

Quant aux laines, M. Viger ayant soumis quelques échantillons importés au Président de la Chambre syndicale de la Mégisserie lainière de Paris, reçut la lettre ci-après :

« Monsieur le Député,

« En m'adressant, dernièrement, différents types de laines d'Afrique, vous m'avez fait l'honneur de me demander ce que je pensais de chacun d'eux comme valeur et qualité.

« Ci-inclus, vous trouverez ces renseignements dont le caractère officiel ne vous échappera pas, puisqu'ils répondent, après mon appréciation personnelle, au jugement d'un de nos négociants les plus compétents en cette matière, du directeur de nos ventes publiques de laines.

« De l'examen approfondi auquel nous nous sommes livrés, il ressort que ces laines sont d'une qualité supérieure à celles des moutons introduits journellement au marché de la Villette et qu'elles seraient pour la France, comme pour ceux qui se livreraient à l'élevage de moutons ainsi croisés une source de très grands profits.

« Au lieu de cette apparence de poils de chien que présentent en majeure partie les toisons des moutons africains introduits à Paris, ces laines rappellent d'une manière saisissante nos qualités nerveuses du Nord de la France.

« Ces résultats sont dus, sans doute, aux soins donnés à leurs troupeaux par des colons soucieux de leurs intérêts et entendus au croisement de leurs animaux.

« *Que de vœux n'avons-nous pas exprimés, dans l'intérêt de notre industrie lainière pour que le Gouvernement français favorisât les efforts de ceux qui, en Afrique, poursuivent les moyens d'augmenter et d'améliorer la race ovine.*

« J'ose croire, Monsieur le Député, que par nos soins et grâce à votre ardeur infatigable, dans la voie du progrès vous saurez mener promptement à bien votre entreprise, tel est du moins le vœu que, dans l'intérêt de la France et dans celui de son industrie, en particulier, je vous demande la permission de vous exprimer.

« Avec l'assurance de mon dévouement, etc.

« Signé : Gaston FLOQUET. »

Voilà donc un industriel du Nord de la France, un publiciste parisien, une Commission consultative d'agriculture, un Comité d'exposition, un Gouverneur général, un Président de la Chambre syndicale de la Mégisserie parisienne, et M. le Ministre actuel de l'Agriculture protestant de toute leur autorité pratique, économique, scientifique et morale contre la suppression que vous avez demandé, Messieurs de la Commission du budget.

Il y a mieux encore. Pour faire revenir contre cette fatale décision et pour empêcher le gouvernement d'en poursuivre l'exécution néfaste.

Il y a d'abord la vie, l'existence de deux millions d'indigènes dont les troupeaux ovins sont la seule, l'unique, l'absolue ressource. Sur deux millions, cinq cents mille nomades arabes ou habitants du Haut-Tell, deux millions, je dis bien *deux millions*, n'ont pas d'autre avoir, d'autre fortune, d'autre occupation, d'autre attache sur terre que le troupeau. Chefs de tente et bergers sont liés à la même source de vie !

Si le troupeau prospère, acquiert de la valeur, il y aura couscouss pour tout le monde. Si le troupeau ne se vend pas ou succombe à l'épizootie, ce sera la commune misère !

Prenez, Messieurs, une carte de l'Algérie, étudiez ses conditions telluriennes, orographiques, climatériques et vous reconnaîtrez que tout y est établi pour en faire la terre par excellence de l'élevage ovin. Mais que par contre il ne lui reste pas grande étendue pour d'autres productions agricoles !

Sur cinquante millions d'hectares, quarante millions constituent le domaine du mouton, ne peuvent appartenir qu'à lui, ne peuvent être mis à profit que par lui !

Et vous avez estimé que c'était dilapidation et gaspillage de la part de la France, nation industrielle, de placer au cœur même de ces contrées un établissement modèle capable de montrer à ces peuplades à demi-barbares, ignorantes et routinières, qu'il est des races perfectionnées pouvant leur offrir des rendements supérieurs à celles qu'elles transhument l'année durant du Sud au Nord de l'Algérie ! J'estime, moi, que c'était sagesse : le véritable moyen pour la Mère-Patrie de témoigner de sa sollicitude pour les populations arriérées placées sans son égide.

Vous avez avancé, Monsieur le Rapporteur que le prix de chaque bélier avait atteint en 1894, 3,500 francs et qu'il n'avait jamais pu s'abaisser à moins de 700 ou 800 francs par an.

Du rapport officiel présenté par le Directeur de la Bergerie j'extrais les prix de revient suivants : En 1886, 184 fr. 44 ; en 1887, 120 fr. 26 ; en 1888, 92 fr. 06 ; en 1889, 51 fr. 12 ; en 1890, 79 fr. 74 ; en 1891, 67 fr. 54.

Pour éviter de mettre ce fonctionnaire personnellement en opposition avec la Commission, j'ai omis de lui demander les chiffres des statistiques suivantes. Mais, ce sont là des minuties. Quand on aborde une question de si haute importance, il faut la juger de plus haut.

En réalité, qu'avez-vous voulu, Monsieur le Rapporteur et vous, Messieurs les Membres de la Commission ? Alléger le budget de cent mille francs en chiffres ronds.

J'estime que vous avez été été mal inspirés en faisant porter cette économie sur l'unique production indigène que la France avait intérêt à favoriser, étendre, perfectionner.

La production ovine algérienne depuis l'occupation française est restée stationnaire, grandissant dans les années favorables, diminuant dans les périodes calamiteuses, elle a oscillé constamment entre sept et dix millions. Année moyenne elle est un peu inférieure à neuf millions de têtes valant cent quatre-vingt millions de francs. Par rapport à la superficie du territoire qu'elle occupe, elle ne donne qu'un effectif de un sujet par cinq et six hectares. Ce minimum est dépassé dans les contrées les plus pauvres, les plus déshéritées du sol et ce n'était pas se montrer trop présomptueux, trop excessif que prétendre l'élever au double et au triple.

J'avoue même qu'à la suite des beaux travaux de captage des eaux effectués sous l'habile direction de M. Jus dans le Sahara et le Hodna de la province de Constantine, en présence des progrès réalisés par les Anglais dans leur colonie de Cap en pareille question, j'avoue dis-je, avoir osé avancer que la France pouvait prétendre porter à quarante millions le chiffre des ovins de notre pays d'adoption — une tête ovine par hectare — l'exagération a paru grande. La déception est plus complète que n'était grande l'exagération ; mais, ce n'est pas à moi à en rougir !

Non seulement on n'a rien fait faire pour accroître les effectifs de la population ovine algérienne, mais on n'a rien fait, on ne fait rien pour la préserver des épizooties, des mortalités par la faim et le froid qui la déciment périodiquement. Et aujourd'hui, la seule tentative entreprise par l'administration française, celle relative à l'amélioration des laines, se trouve sapée au moment précis où, après bien des hésitations, bien des tâtonnements et un trop long abandon, on pouvait la voir définitivement entrer dans le domaine pratique par la diffusion et le concours des bergeries communales.

Décidément, la pauvre Algérie joue de malheur !

On a vu par les témoignages irréfutables plus haut cités qu'un seul centre d'élevage, malgré de fréquents déplacements, la suspicion ou l'indifférence dont il était l'objet, était parvenu, quand même à, faire la tâche d'huile et déterminer de réelles améliorations locales.

Grâce à l'impulsion de M. Tisserand, Directeur de l'Agriculture, dont on ne saurait contester la haute compétence et qui, depuis des années déjà, a jugé la question ovine comme le nœud vital, la base fondamentale de la richesse algérienne, des bergeries communales ont été créées dans le cours de ces dernières années. Ces bergeries ont pour mission, non seulement de placer des étalons de race à la disposition des éleveurs, mais aussi et surtout de faire tomber les préventions, les craintes, les partis-pris que les indigènes et les éleveurs français eux-mêmes maintiennent à l'encontre des étalons améliorateurs.

Moudjebeur, centre d'élevage, pouvait ainsi se mettre en communication avec les points les plus extrêmes de ces vastes parcs d'élevage qui s'étendent de la Tunisie au Maroc, du Sahara au littoral méditerranéen. Pour une fois, on rentrait dans le domaine rationnel et pratique, s'il restait un vœu à formuler c'est que le centre de production fournit bien, ainsi que l'avait demandé M. le député Viger, le contingent annuel de quatre à cinq cents étalons améliorateurs.

Vous avez supprimé, Messieurs du budget, le centre d'approvisionnement. Les bergeries communales ne pouvant plus être alimentées sont forcément destinées à disparaître à leur tour.

Eh bien, Messieurs, permettez-moi de vous le dire, avec la franchise que peut avoir un Français qui compte vingt-huit années d'études des questions d'élevage en Algérie. Par la suppression de Moudjebeur, vous avez accompli la chose la plus inique, la plus anti-arabe, la plus anti-française qui se puisse concevoir.

La bergerie centrale d'amélioration par le croisement intéressait autant la France que l'Algérie, autant l'industrie nationale que le bien-être de la tribu :

Et d'abord les Arabes, ce sont eux qui détiennent les troupeaux, ce sont eux qui recueillent la toison. Ils en tissent une partie et expédient l'excédent en France. Dans certaines années les expéditions sur la Métropole excèdent dix millions de kilogrammes ; en d'autres, elles descendent au-dessous de deux millions.

Supposons que grâce aux croisements provoqués, conseillés par la France, nation tutélaire, les Arabes se décident à livrer leurs brebis aux béliers de l'Etat et obtiennent les améliorations signalées par l'éleveur Bonfort, soit des toisons du poids de 2 k. 500 au lieu de 1 kilog., ce seront **22.500.000** kilogrammes de laine que tondraient les Arabes au lieu de 9.000.000. Et, toujours en prenant pour base les appréciations de Bonfort, si l'écart de prix est comme 280 francs est à 80 francs, la tribu aura à son avoir *63 millions* de francs au lieu de *7 millions 200,000*.

Evidemment, il y a là une grosse exagération. Mais, si grande qu'elle paraisse, elle est encore moins grande que l'énormité de la faute économique commise par la suppression des cent mille francs destinés à améliorer notre centre de production lainière.

Comment ! la France, nation industrielle qui compte

3.266.000 broches, 112.000 ouvriers et 40.550 chevaux-vapeurs affectés aux travaux des lainages, doit pour s'alimenter disputer la matière première aux nations ses rivales : les Etat-Unis, l'Angleterre, l'Allemagne, la Belgique, et vous, législateurs, vous biffez d'un trait de plume le modeste crédit destiné à augmenter cet appoint de matière première ?

Lisez le dernier rapport de la Commission permanente des valeurs en douane sur l'industrie textile en France, en 1894 ; vous y trouverez un très intéressant mémoire soit au point de vue de la production et du commerce de laines brutes et préparées, soit au point de vue de l'industrie de la laine ; vous verrez que le trafic de l'industrie lainière en France est estimé à **1,200 millions.**

Mais que pour satisfaire, alimenter une aussi considérable manutention, il faut recourir pour la plus large part aux laines brutes étrangères, l'avoir de la France atteignant à peine, bon an mal an, quarante-cinq millions de kilogrammes. Le nombre des moutons diminue d'année en année dans la Métropole, alors qu'il était estimé à 32,150,000 têtes en 1840, il n'est estimé que de 20,275,000 en 1894. Il était donc logique, il était donc d'une sage prévoyance de multiplier, perfectionner l'élevage ovin en Algérie.

Oh ! de grâce, Messieurs, reconnaissez l'énormité de votre faute et hâtez-vous de la réparer en signant un recours de grâce, en faveur de l'établissement que vous avez si imprudemment sacrifié.

C'est là le meilleur souhait que je puisse faire pour l'Algérie et pour la France, et que je vous prie d'agréer, avec l'expression de ma considération distinguée.

E. BONZOM,
Propriétaire algérien,
Chevalier de la Légion d'Honneur
et du Mérite Agricole.

P. S. — Il faut bien le reconnaître, l'Algérie n'est pas en bonne veine. Un vent contraire, un vent d'indifférence et de discrédit souffle contre elle et menace non point seulement de l'entraver dans sa marche progressive, mais encore de la pousser à reculons.

Pour quelle cause ?

Est-ce que le Français d'ici pour être plus audacieux, plus entreprenant, ne vaut pas ses frères de la Métropole ?

Est-ce que le sol n'a pas répondu dans une bonne mesure à ce que l'on attendait de lui ?

Je suis en Algérie depuis vingt-huit ans ! J'ai vu bien des arrivants venus des divers points de la France et je n'ai jamais constaté qu'il eût suffi de s'éloigner de l'ombre du clocher natal, de subir trente heures de traversée pour perdre le sens moral, la dignité de soi-même, l'amour du prochain et l'esprit de sacrifice à la Patrie.

Je connais non moins le sol et je sais ce dont il est capable quand il est en bonnes mains. De ce côté là encore, il ne peut y avoir, il n'y a pas motif de discrédit.

Il serait peut-être plus exact de dire que l'on s'est montré, que l'on se montre en France trop impatient de recueillir les fruits de la conquête algérienne.

Que Messieurs les impatients daignent jeter un coup d'œil sur la terre de France. Qu'ils voient ce qu'il a fallu de siècles, de longs et persévérants labeurs, de généra-tions successives courbées sur la glèbe pour l'amener à la fertilité actuelle et ils n'auront pas de peine à recon-naître qu'il est souverainement injuste de vouloir que l'Algérie arrive en soixante ans au même point où en est la France après des siècles.

Il faut que ceux qui nous dénigrent sachent aussi quel tort immense, quel préjudice ils portent à la Mère-Patrie et c'est au savant économiste M. Paul Leroy-

Beaulieu que je laisse le soin de leur répondre : « La colonisation est pour la France une question de vie ou de mort ; ou la France deviendra une grande puissance africaine, ou elle ne sera dans un siècle ou deux qu'une puissance européenne secondaire ; elle comptera dans le monde, à peu près comme la Grèce ou la Roumanie comptent en Europe.

« Nous ambitionnons pour notre patrie des destinées plus hautes : que la France devienne résolument une nation colonisatrice, alors se rouvrent devant elle les longs espoirs et les vastes horizons. »

Mais pour cela, il faut non point seulement ne pas frapper de suspicion les Français d'Algérie, mais encore que l'administration de ce beau et grand pays ne soit plus à la merci des fluctuations incessantes résultant du caprice ou de l'ignorance de ceux qui veulent l'administrer sans en posséder la notion première. Il faut unifier l'action directrice et la responsabilité.

L'Algérie, a dit Burdeau, prise dans son unité si originale et si distincte, n'est représentée dans notre organisme gouvernemental par aucune Administration qui en fasse son affaire essentielle ; on s'occupe d'elle partout, et partout elle est reléguée au second plan. »

Ainsi s'expliquent les hérésies émises, les fautes, les monstruosités accumulées dans ces derniers temps. Que l'on y prenne garde, ce ne sont pas les intérêts de deux cent cinquante mille français et de tout un peuple indigène qui sont en jeu, mais bien la fortune et l'honneur de la France.

A bons entendeurs, salut.

Alger. — Imp. P. FONTANA et Cᵒ, rue d'Orléans, 29, Alger. — 3-96.

9 782014 110869